中国科学家故事丛书·第1辑

知原子 铸核武

任福君 主编

科学普及出版社
·北京·

图书在版编目（CIP）数据

知原子　铸核武 / 任福君主编. -- 北京：科学普及出版社, 2021.9

（中国科学家故事丛书. 第1辑）

ISBN 978-7-110-10280-0

Ⅰ.①知… Ⅱ.①任… Ⅲ.①科学家-生平事迹-中国-现代-青少年读物 Ⅳ.①K826.1-49

中国版本图书馆CIP数据核字(2021)第131443号

策划编辑	王晓义
责任编辑	王　琳
封面设计	郑子玥
正文设计	北京中科星河文化传媒有限公司
责任校对	焦　宁
责任印制	徐　飞

出　　版	科学普及出版社
发　　行	中国科学技术出版社有限公司发行部
地　　址	北京市海淀区中关村南大街16号
邮　　编	100081
发行电话	010-62173865
传　　真	010-62173081
网　　址	http://www.cspbooks.com.cn

开　　本	889mm×1194mm　1/16
字　　数	60千字
印　　张	6.75
版　　次	2021年9月第1版
印　　次	2021年9月第1次印刷
印　　刷	北京瑞禾彩色印刷有限公司
书　　号	ISBN 978-7-110-10280-0 / K·173
定　　价	60.00元

（凡购买本社图书，如有缺页、倒页、脱页者，本社发行部负责调换）

丛书由中国科协创新战略研究院组织编写
由"老科学家学术成长资料采集工程"提供学术支撑

丛书编委会

主　任　任福君
副主任　赵立新
编　委　（按姓氏笔画排序）
　　　　马　丽　王　妍　石　磊　刘树勇
　　　　肖博仁　张晓铮　钟卫宏　高文静

本书编委会

主　编　任福君
副主编　石　磊　高文静
绘　画　（科学家肖像）　杜爱军

前言

2019年5月,中共中央办公厅、国务院办公厅印发了《关于进一步弘扬科学家精神加强作风和学风建设的意见》,将科学家精神归纳为:胸怀祖国、服务人民的爱国精神,勇攀高峰、敢为人先的创新精神,追求真理、严谨治学的求实精神,淡泊名利、潜心研究的奉献精神,集智攻关、团结协作的协同精神,甘为人梯、奖掖后学的育人精神。2020年9月11日,习近平总书记主持召开了科学家座谈会,在会上指出:"科学成就离不开精神支撑。科学家精神是科技工作者在长期科学实践中积累的宝贵精神财富。"弘扬科学家精神不仅是党和国家的要求,也是党和国家赋予我们的崇高使命。

中国科学家精神是宝贵的精神财富,是培养青少年思想道德素质和科学文化素质的重要营养元素。中国科学家精神是引导青少年把个人理想融入时代主题,立志做担当民族复兴大任的时代新人的一盏明灯。培根铸魂要从青少年抓起,用中国科学家精神滋养青少年的心田,播下中国科学家精神之种。

科学家精神既是抽象的,又是具体的。科学家精神体现在科学家的成长、求知、创新和奉献中,因此,讲述科学家的故事,展示和传播科学家精神既是当务之急,更是弘扬科学家精神的有效途径。中国科学技术协会作为科技工作者之家,承担着弘扬科学家精神的重任,肩负着科普尤其是普及科学家精神的职责。在新时代,向青少年传播科学家精神,是厚植科技创新沃土、培养科技后备军的重要途径。为此,中国科协创新战略研究院联合中国科学技术出版社暨科学普及出版社,以老科学家学术成长资料采集工程的一手资料为基础,以中国科学家微信公众号发表的文章为蓝本,组织编写了《中国科学家故事丛书》。丛书结合青少年的阅读特点和心理特征,从国家勋章获得者、国家最高科学技术奖获得者、"两弹一星"元勋等荣誉获得者中选取了40位科学家代表人物作为故事的主人公，依照中国科学家精神的要素编写其成长故事、求学故事、创新故事、求实故事、奉献故事、协同故事等。同时，采用绘画和资料图片融合的方式进行页面设计，以求达到活化时代背景、还原历史场景，把文字故事融入历史场景，让场景丰富和活化故事内容的目的。

丛书第1辑共4册，分别为《勇问天　巧问地》《行医道　战病毒》《知原子　铸核武》《格数理　造新物》；每个分册有10位科学家，4册共计40位科学家。其中，《勇问天　巧问地》主要讲述地质学、地理学、气象学、植物学、建筑学、航空、农作物育种等领域的中国科学家谢家荣、侯仁之、叶笃正、吴征镒、刘东生、吴良镛、顾诵芬、袁隆平、李振声、曾庆存的故事；《行医道　战病毒》主要述说临床医学、基础医学、中医学等领域的科学家吴孟超、王振义、王忠诚、顾方舟、侯云德、屠呦呦、钟南山、张伯礼、张定宇、陈薇的故事；《知原子　铸核武》主要是关于原子核物理、核武器研制等领域的科学家钱三强、何泽慧、王大珩、黄纬禄、程开甲、黄旭华、彭士禄、于敏、孙家栋、钱七虎的故事；《格数理　造新物》主要讲述数学、物理学、化学及大型实验装备建造等领域的科学家严东生、吴文俊、谢家麟、洪朝生、徐光宪、师昌绪、闵恩泽、郑哲敏、谷超豪、南仁东的故事。

编写这套丛书的目的是传播中国科学家故事，弘扬中国科学家精神，希望得到广大青少年读者的欢迎。同时，希望通过这套丛书以及全社会的努力，让科学家精神的雨露洒满神州大地，使学科学、爱科学在青少年中蔚然成风，让投身科学成为新时代广大青少年人生理想的首选。

目/录

01 从核裂变到造"两弹"——钱三强

为了祖国独立，他毅然从实业救国转向科技救国，直至投入"两弹一星"攻关的组织工作

11 "中国的居里夫人"——何泽慧

从选择弹道学，到探索核裂变，最后投身"两弹一星"研究，她"科学报国"的初心不改

21 观测核爆炸光学立功——王大珩

"八大件一个汤"是他带领团队研制的系列光学精密机械仪器，打破神话，助力打造国防重器

31 为原子弹插上翅膀——黄纬禄

为了让中国的导弹"飞得稳，打得准"，他带领团队突破了无以计数的难题

41 地上地下的"核司令"——程开甲

他离开大学，从此销声匿迹，名字和事业成为国家机密，直到中国拥有核武器的那一刻

51
三十年铸国防重器——黄旭华
———
新婚不久他"人间蒸发",父兄离世他未能送行,隐姓埋名只为铸造国防利器核潜艇

61
驾驭核动力的先行者——彭士禄
———
他是英烈遗孤,从设计核潜艇到设计核电站,都走在了核能利用的前沿

71
中国的氢弹与世不同——于敏
———
他创造了一种新的氢弹构型,捍卫了中国的世界地位,被称为"中国土专家一号"

81
追星逐月布"北斗"——孙家栋
———
从导弹到人造卫星,从通信卫星到气象卫星,从"嫦娥"探月到北斗导航,是他托起航天梦

91
筑造地下的钢铁长城——钱七虎
———
国防上,为国家建筑钢铁般的地下防护工程;民用上,凭借"亚洲第一爆"开先河

钱三强（1913—1992）
核物理学家
中国科学院院士
1999年"两弹一星"功勋奖章获得者（追授）

从核裂变到造"两弹"
——钱三强

  从实业救国到科技救国,再到放弃科研投入"两弹一星"科技攻关组织工作,钱三强都是为了圆心中的一个梦,那就是使深爱的祖国强大繁荣、不受欺辱。

02 | 知原子 铸核武

"秉穹"到"三强"

钱三强晚年家中珍藏的父亲题字

1913年，钱三强出生于浙江省绍兴县，取名秉穹。其父钱玄同早年留学日本，曾任国立北京大学、国立北京师范大学教授，是著名的语言文字学家，新文化运动先驱；其母徐琯贞出身书香门第，家中藏书甚富。

中学时，钱三强的同学李志中写信给他，信中称他为"三强"。钱玄同看见了，饶有兴致地问他三强是谁。"'三强'是志中同学对我的称呼，因为我排行老三，喜欢运动，身体强壮，故称我'三强'。"秉穹回答。钱玄同当即称赞："名字本来就是一个符号。我看'三强'这个名字不错，可以解释为立志争取德育、智育、体育都进步。"从此，"钱秉穹"正式改名为"钱三强"。

1932年，19岁的钱三强进入国立清华大学物理系。翌年，父亲钱玄同为他题字"从牛到爱"，寓意有二：一是勉励他发扬属牛的那股牛劲；二是勉励他在学习上不断努力，向牛顿和爱因斯坦学习。

这四个字，成了钱三强终生的座右铭。

钱三强（中）和父母在北平家中

从核裂变到造"两弹"——钱三强 | 03

钱三强（时名秉穹，左二）与山猫篮球队合影

04 | 知原子　铸核武

法国与中国

1937年，钱三强获得前往法国留学的机会。就在这时，震惊中外的"七七事变"发生了。父亲因忧愤国事而患病。钱三强有些踌躇：国难家患临头，我能忍心离去吗？父亲鼓励他说："你出洋学习科学技术知识，将来于国家有用，你放心去吧。"

钱三强的导师是居里夫人的女儿伊莱娜·约里奥－居里，伊莱娜的丈夫是约里奥－居里。在巴黎的居里实验室中，钱三强11年间发表研究论文近40篇，其中最重要的成果是与合作者发现了铀核的三分裂、四分裂并解释了三分裂的机制。其间，他结识了何泽慧，并结为伉俪。1947年，他获得外籍学者在法国极少能获得的职位——法国国家科研中心的研究导师。

钱三强（右）1948年回国前夕同约里奥－居里夫妇在住宅花园合影

正当周围的人都认为他们会长期在法国工作下去时，钱三强和何泽慧却向导师提出了回国的请求。他们认为，虽然科学没有国界，科学家却是有祖国的；祖国再穷，是自己的，正因她贫穷落后，更需要自己去努力改变她的面貌。

约里奥－居里夫妇舍不得他们离开，但也理解和赞成他们的决定。临别时，

从核裂变到造"两弹"——钱三强

伊莱娜夫人赠言:"要为科学服务,科学要为人民服务。"

1948年,钱三强回国前夕,约里奥-居里夫妇在给他的评语中写道:"他对科学事业满腔热忱,并且聪慧有创见……钱先生还是一位优秀的组织工作者,在精神、科学与技术方面,他具备研究机构的领导者所应有的各种品德。"

此后,为了振兴中华,钱三强牺牲了个人在科学上的追求,全身心投入科学管理工作。对此,他坦然地说:"我的科学家生涯到这时候,就不再以论著方式来表达了。"

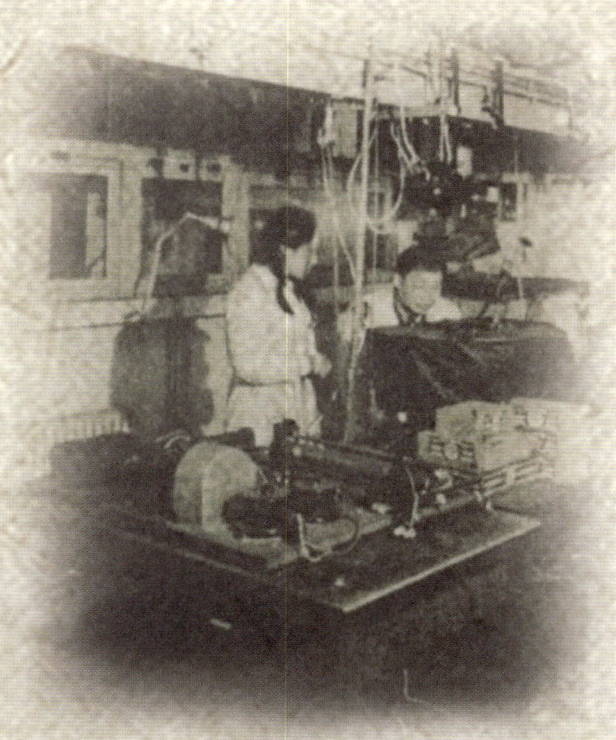

钱三强、何泽慧在法兰西学院做实验

钱三强在塞纳河畔

06 | 知原子 铸核武

"两弹"为和平

钱三强在杨振宁办公室

　　1951年4月，美国把能运载原子弹的B-29轰炸机调到冲绳，激起了世界爱好和平人士的坚决反对。钱三强的老师约里奥-居里特地对另一位即将回国的中国学生说："你回去转告毛泽东，你们要保卫和平，要反对原子弹，就要自己有原子弹。"

　　1955年，中央决定发展本国的核力量，钱三强从此投入原子能的全面发展工作。

　　1959年，苏联单方面撕毁和平利用原子能协定，撤走专家，使中国的原子能事业陷入困境。为了攻克科技难关，中国科学院调动了全国约1/3

钱三强向石油学院师生讲演原子能和平利用

的研究所参与原子弹研制。身为第二机械工业部副部长、中国科学院副秘书长和原子能研究所所长的钱三强承担起组织领导和人才培育工作。1959—1965年，原子能研究所为研制"两弹"输送和培训了4781名科学技术人员。

许多科学家走上"两弹"技术攻关的关键岗位，都得益于钱三强的推荐。钱三强的荐人之道，以国家利益为重，以事业发展需要为重，看重人才的道德品质和工作能力，把最优秀、最合适的人才推荐到最恰当的岗位上去，勇于让年轻人脱颖而出。他曾不止一次说："要顾全大局……舍得把最好、最顶用的人用到最需要、最关键的地方去，不分是你的还是我的。"

08 ┃ 知原子　铸核武

沙粒铺征程

1964年，中国第一颗原子弹爆炸成功。1967年，中国第一颗氢弹试验成功。因为他的贡献，钱三强被冠以"中国原子弹之父"。

然而，钱三强本人对"中国原子弹之父"之称一直极力反对。他说："中国原子弹研制成功绝不是哪几个人的功劳，更不是我钱三强一个人的功劳，而是集体智慧的结晶。""外国人往往看重个人的价值，喜欢用'之父''之冠'这类称谓，中国人还是多讲点集体主义好，多讲点默默无闻好。"

他喜欢以"卵石""沙粒"自称："我作为一个老科技工作者，能把自己化作卵石、化作沙粒，铺垫在千军万马去夺取胜利的征途上，感到高兴、欣慰！"

钱三强认为，中华人民共和国对科技人员的要求必须是"又红又专"的。他曾用数学中矢量的概念比喻"红"与"专"的关系：矢量中的箭头为前进的方向，代表"红"；箭头长度为专业水平，长度越长表示专业水平越高。中国的科技工作者，必须有爱国、敬业、奉献的精神。

钱三强

钱三强和何泽慧在讨论和共同撰写《原子能发现史话》一文

（本文作者：韦中燊）

何泽慧（1914—2011）
核物理学家
中国科学院院士
1956 年国家自然科学奖二等奖获得者

"中国的居里夫人"
——何泽慧

从矢志选择弹道学，到悉心探索核裂变规律，获得罕见的铀核三分裂、四分裂发现，再到投身"两弹一星"相关研究，何泽慧"科学报国"的初心从未改变。

12 | 知原子　铸核武

何泽慧中学时代绘的荷花

初立科学救国志

何泽慧和父母

1932年，何泽慧从外祖母创办的苏州振华女校高中毕业，随同学前往上海考大学。考试前，父亲与她开玩笑说："考上大学就去上，考不上就当丫鬟。"

何泽慧随身带了两元钱，与几位女同学搭船来到上海，在一位同学家里搭铺过夜。在上海，她分别参加了国立浙江大学与国立清华大学的招生考试。

没想到，抱着"考不上就去做小丫鬟"的念头，何泽慧却考了个"女状元"。她后来回忆："考浙江大学的人有800多，我报考的是物理学系，他们录取的只有我一个女生，你说我的运气好不好？清华大学人特多，一共有近3000人，清华的希望小得不得了！"

1935年何泽慧在北京家中

然而，就是她最不抱希望的国立清华大学，也被她考中了。总共录取28人，她是其中之一。

虽然浙江大学发了录取通知书，何泽慧最终还是选择了国立清华大学。国立清华大学的学习格外繁重，最终只有10人顺利毕业。何泽慧又是这10人中的第一名。然而，她曾在给大姐的信中说，只拿一张文凭，"既不能报诸父母，又不能与社会国家以丝毫之功"。

坚定选择弹道学

1936年,从国立清华大学毕业前夕,何泽慧获得祖籍山西省资助出国留学的机会,去了费用较为便宜的德国柏林高等工业学院技术物理系。出于科学救国的目的,她决定选择实验弹道学作为专业方向。

但是,柏林高等工业学院技术物理系属于保密系科,弹道学研究与德国的军事工业关系密切,基本不接受外国人在那里学习。何泽慧从同学那里打听到技术物理系的主任是克兰茨教授,曾经在南京军工署工作过,便亲自上门请这位教授给自己一个机会。

起初,克兰茨教授并不同意。何泽慧对他说:"你可以到我们中国来当我们军工署的顾问,帮我们打日本侵略者。我为了打日本侵略者,到这里来学习这个专业,你为什么不收我呢?"

克兰茨教授被何泽慧的一片赤诚打动。何泽慧成了技术物理系第一次招收的外国学生,也是弹道学专业第一次招收的女学生。

1940年,她以《一种新的精确简便测量子弹飞行速度的方法》论文获得工程学博士学位。

何泽慧

1990年何泽慧在柏林工业大学
接受补发的博士学位证书

16 ｜ 知原子　铸核武

铀核四分裂径迹照片

细心探寻核裂变

何泽慧与约里奥-居里夫人

1940年，何泽慧获得工程学博士学位后，到西门子公司工作。1943年，她又前往海德堡，在威廉皇帝医学研究院物理研究所的博特教授指导下从事原子核物理的实验研究。

1945年，她在利用磁云室（一种能够显示微小的带电粒子轨迹的装置）研究锰52的正电子相关问题时，从上千张照片中注意到了一种近似"S"形的奇特径迹。经过仔细分析，她终于弄清楚：这种径迹原来是正负电子的弹性碰撞过程。在这期间，转向原子物理研究的她与在巴黎居里实验室的钱三强开始了频繁的"短信"（战时通信不能超过25个字）交流。艰苦的异国生活、共同的研究领域，使两个人的心越来越近。

1945年9月，钱三强与导师约里奥-居里夫妇一起参加了国际宇宙线会议。会上，钱三强除了宣读自己的论文，还展示了何泽慧寄来的正负电子弹性碰撞照片。后来的会议报道将正负电子弹性碰撞誉为一项"科学珍闻"，因为这是人类第一次将正负电子碰撞的现象用照片的形式展示出来。

1946年4月，何泽慧与钱三强在巴黎结婚。婚后，两人便一起从事原子核物理的实验研究，开始了共同的科学生涯。

核裂变，是原子弹、核能发电的基本原理之一，最常见的核裂变是一分为二。钱三强及其小组利用核乳胶技术在显微镜下寻找铀核的三分裂径迹。何泽慧加入后，由于她的细致和耐心，不放过任何一条径迹，因而她找到的分裂径迹最多。她不仅找到了特殊的三分裂事例，还发现了首例四分裂现象。约里奥称这些发现为"第二次世界大战以后物理学上的一项有意义的工作"。

即使是如此重要的发现，何泽慧也认为"容易得很"，只要细致工作，"每个人都可以发现好些东西"。

何泽慧在法兰西学院的核化学实验室

何泽慧与钱三强

18 | 知原子 铸核武

我所希望於你们的是打好数理化的基础，学习马列主义毛泽东思想，锻炼身体，培养文学音乐美术方面的兴趣，使自己成为思想活跃，有干劲，有创新精神的青年。对女同学我还要说几句话：不要怕社会上的习惯势力，只要自己坚持奋斗，不断努力，一定能为祖国的繁荣富强和科学发展作出贡献的。

何泽慧
1984.12月

何泽慧致信中学生

1994年何泽慧（左三）在钱三强铜像前

研制中国核乳胶

1948年，何泽慧夫妇回到中国，投入当时的核物理研究和涉及"两弹一星"的科学研究。何泽慧在20世纪50年代开始研制核乳胶，使中国成为当时少数能生产核乳胶的国家之一。

核乳胶是一种能记录单个带电粒子径迹的特制乳胶，由普通照相乳胶发展而来，常用于高空宇宙射线和基本粒子的研究。当时，世界上只有英国和苏联两个国家掌握制造核乳胶的技术，相关技术和配方都是保密的。所以何泽慧等人的研究完全是白手起家。

做乳胶不能见光，只能在暗室里进行。暗室里有许多玻璃器皿，师从何泽慧的孙汉城一开始经常不小心把烧杯、搅棍等实验器械碰掉。何泽慧用在德国的经验教育他们："手里拿个东西，你要自己想象自己是个老太太，你抱着花瓶走路，你要慢慢地走，你不能动作太快了，动作一快就要闯祸。"

在极其简陋的条件下，何泽慧和助手陆祖荫、孙汉城自力更生，一步步探索，经过了420多次实验后，于1956年研制成功了性能达到当时国际水平的核乳胶，获得了1956年中国科学院科学奖（后认定为第一届国家自然科学奖二等奖）。

（本文作者：韦中燊）

王大珩（1915—2011）
应用光学家
中国科学院院士
中国工程院院士
1985年国家科学技术进步奖特等奖获得者
1999年"两弹一星"功勋奖章获得者

观测核爆炸光学立功
——王大珩

中华人民共和国第一台红宝石激光器、第一台航天相机、第一台大型光测设备，都是在他的主持和领导下研制成功的。他就是国防光学工程事业的开拓者和推动者——王大珩。

放弃学位为报国

1915年,王大珩出生于日本东京,在襁褓之中随父母返回祖国。他的父亲王应伟是一名在数学、物理、天文等方面多有成就的学者。在父亲的影响下,王大珩从小就对科学有着浓厚的兴趣。

1936年,从国立清华大学物理系毕业后,王大珩前往英国伦敦大学帝国理工学院学习,成为一名光学研究生。1940—1941年,伦敦遭受法西斯德国轰炸。战争让王大珩做出了改行的决定。他发现,光学玻璃在武器中被大量使用,而这正是中国所没有的。

1942年,王大珩放弃在读的博士学位,到英国伯明翰昌司玻璃公司实验部做实验物理师,专职从事新型光学玻璃的开发研究。当时的中国还没有制造新型光学玻璃的技术,王大珩想把这门技术带回祖国。由于国防光学仪器在战争中的重要地位,新型光学玻璃制造技术成为秘密。为了探索被公司严格保密的光学玻璃配方,他进行了约300埚玻璃熔炼实验。在这段时间里,他获得了两项与光学玻璃配方有关的专利,而他收获的配方也在日后中国光学玻璃的研制过程中起到了重要作用。

1948年4月,王大珩放弃了在英国的优越条件,义无反顾地踏上了回国的旅程。

在英国留学期间的王大珩

王大珩(左)在英国留学时与同学合影

1936年国立清华大学物理系师生在科学馆前合影
（前排左三为王大珩）

王大珩故居

24 知原子，铸核武

王大珩的工作笔记

1962年王大珩（前排左五）参加新产品鉴定会议，与全体代表留影

开垦光学空白地

在中华人民共和国成立以前，我国应用光学领域几乎是一片空白——全国只有少数科学家从事这方面的工作，光学工厂寥寥无几，没有自己生产的光学玻璃，光学仪器更是无从谈起。

1950年，国家决定在中国科学院设立仪器馆。王大珩欣然领命，于1951年被聘为仪器馆筹备处副主任，接过了国家赋予的筹备仪器馆的重任。经历了一番艰难的筹备和创业，中国科学院仪器馆于1953年成立，这是光学精密机械仪器研究所的前身。在王大珩的带领下，仪器馆熔炼出了第一埚光学玻璃，结束了中国没有光学玻璃的历史，实现了他当年在英国时的报国夙愿。

1956年，王大珩提出中国要做自己的电子显微镜。苏联顾问认为难度太大，规划时间内中国做不出来，如果要用，可以向苏联买。中国科学院领导来询问，王大珩回答："做得出来！"短短数年，他带领团队相继研制出了史称"八大件一个汤"的代表性成果，使我国在光学精密机械仪器研究方面进入国际先进行列。

小知识："八大件"指电子显微镜、高温金相显微镜、多倍投影仪、大型光谱仪、万能工具显微镜、晶体谱仪、高精度经纬仪、光电测距仪八种光学仪器，"一个汤"指一系列新品种光学玻璃。

26 知原子 铸核武

证 书

王大珩同志为我国研制"两弹一星"作出突出贡献 特授予两弹一星功勋奖章

1999年王大珩获得国家授予的"两弹一星"奖章和证书

为"两弹一星"立功

20世纪60年代，因为国家需要，王大珩领导光学精密机械仪器研究所，把光学与"两弹一星"国防重器紧密联系起来。

1964年，我国第一颗原子弹进行爆炸试验，需要高速摄影机记录核爆火球直径与时间的关系，由此推断出原子弹的威力。王大珩领导科研人员，在一没有经验、二没有参照物的情形下，征调了一批国内已经有的进口高速摄影机作为主机，在此基础上进行改装，快速实现了满足特定要求的高速摄影方案。

国家要发展洲际导弹，需要大型光学观测系统对导弹轨道进行跟踪及精密测量，为此部署了"150工程"。王大珩作为"150-1工程"总设计师，于1965年带领团队自主研制我国第一台大型电影经纬仪——150-1型光学电影经纬仪，并且一次试验成功，并通过了国防科委的鉴定验收。

紧接着，我国第一颗人造地球卫星开始研制。王大珩参与了人造地球卫星的总体方案设计。他领导五〇八所（现中国科学院长春光学精密机械与物理研究所）接受了空间侦察相机的研制任务。1975年，我国成功发射了第一颗返回式侦察卫星。

王大珩

观测核爆炸光学立功——王大珩 | 27

王大珩在电影经纬仪前

28 | 知原子　铸核武

"863 计划"的 4 位倡议者合影
（左起：王大珩、王淦昌、杨嘉墀、陈芳允）

"863 计划"倡导者

　　20 世纪 80 年代，国际上正处于迎接新技术革命挑战之际，各国纷纷在科学技术上制订各自的战略计划。面对这样的国际趋势，王大珩深知：落后就要挨打，我国也应该早日制定自己发展科学技术的相应对策！

　　1986 年 3 月 3 日，王大珩、陈芳允、杨嘉墀、王淦昌四位科学家向国家领导人联名上书："须知，当今世界的竞争非常激烈，稍一懈怠，就会一蹶不振。此时不抓，就会落后到以后翻不了身的地步……在整个世界都在加速新技术发展的形势下，我们若不急起直追，后果是不堪设想的。"

　　建议书获得了国家领导人的首肯。不久，国务院组织专家讨论制定了《国家高技术研究发展计划纲要》。这便是举世瞩目的"863 计划"。

　　作为"863 计划"的倡议者之一，年高体迈的王大珩亲自点拨一些重点领域的发展。上万名科学家在各个领域协同合作，各自攻关，令中国的航天工程取得了丰硕成果。

　　王大珩曾在词作中写道："多少事，有志愿参驰，为祖国振兴。光学老又新，前程端似锦。搞这般专业很称心！"这正是他一生从事光学研究、立功"两弹一星"国防事业的写照。

王大珩

(本文作者：韦中燊)

黄纬禄（1916—2011）
火箭与导弹控制技术专家
中国科学院院士
1985年国家科学技术进步奖特等奖获得者
1999年"两弹一星"功勋奖章获得者

为原子弹插上翅膀
——黄纬禄

　　导弹的控制系统精确地控制着弹头姿态和轨道，直达预定位置，犹如为弹头插上翅膀，威力不言而喻。我国成功研制原子弹后，曾被西方国家断言五年内不可能为原子弹插上这样一双翅膀。打破这一断言的，正是黄纬禄。

奋起直追结缘导弹

1916年，黄纬禄出生于安徽省芜湖县，父亲是清朝秀才。受父亲的影响，黄纬禄勤于学习。

黄纬禄就读的高中是当时全国知名的扬州中学，数学、物理、化学课程都是用英文授课。开始，黄纬禄的英文基础差，不能完全听懂所学的知识，成绩排到了年级倒数，这对他来说是无法容忍的羞耻。他奋起直追，高中毕业时，基本过了"英文关"。上大学后，他的英文水平已经比很多同龄人高出一截。

1940年，黄纬禄毕业于国立中央大学电机系。三年后，英国工业协会到中国招收实习生，黄纬禄通过了严格的考试后被录取，前往伦敦。

1936年高中毕业时的黄纬禄

当时，正值第二次世界大战，德国法西斯向伦敦发射了大量V-1导弹、V-2导弹。黄纬禄也险些遭到导弹的袭击。德国战败后，英国搞到一枚没有爆炸的导弹，解剖后放在伦敦博物馆展出。黄纬禄急忙前往参观。这是黄纬禄第一次看到V-2导弹的剖面。通过讲解员的介绍，结合自己的深厚技术功底，他对导弹的神秘感逐步消失了。这时，他的脑海中闪过一个念头：要是中国也能造出这样的导弹就好了。

1946年黄纬禄（中）在英国伦敦与室友合影

发誓造出"争气弹"

1947年，黄纬禄返回祖国。1957年，他被调入中国刚刚建立的导弹研制单位——国防部第五研究院，从此与导弹结缘。

中国的导弹研制是从仿制外国导弹起步的。但是，后来外国专家不顾约定，全部撤走。中国的全体研制人员都憋了一口气，发誓一定要靠自己的努力造出"争气弹"来！

黄纬禄是导弹控制系统的负责人。控制系统犹如导弹的神经中枢，它精确地控制着导弹，使导弹保持一定的姿态，按预定轨道飞行，从而将弹头送到预定的位置。导弹若要"飞得稳，打得准"，控制系统在其中扮演着极为重要的角色。为此，黄纬禄和研制团队付出了巨大心血，攻克了难以计数的技术难关！

终于，1960年11月，在祖国的地平线上，飞起了中国自己制造的第一枚导弹！实现了中国军事装备史上导弹从无到有的重大突破！这枚导弹后来被命名为"东风一号"。

工作现场正在思考的黄纬禄

为原子弹插上翅膀——黄纬禄 | 35

黄纬禄观看弹上设备

"航天四老"（左一为黄纬禄）与"航天之父"钱学森（中）

"蛟龙"出水啸海天

潜地导弹是由潜艇在水下发射,攻击地面固定目标的战略导弹。因此,研制核潜艇需要研制潜地导弹。

面临超级大国的核威胁和核讹诈,中国急需有效的反制手段,研制从潜艇发射的潜地固体战略导弹势在必行。1970年,黄纬禄临危受命,成为中国第一个固体潜地战略导弹"巨浪一号"的技术总负责人。

当年夏天,他带领团队在南京长江大桥进行"导弹落水深度试验"。南京是我国"四大火炉"城市之一,模型导弹在烈日照射下,壳体内的温度高达50°C,常人都难以忍受,年过半百的黄纬禄却坚持和大家战斗在第一线。

当研制团队通过反复试验,取得了大量第一手数据返回北京时,黄纬禄浑身上下长满了痱子。皮肤瘙痒令他彻夜难眠。多少个漫漫长夜,黄纬禄是靠反复将自己泡在凉水中度过的。

1982年10月,"巨浪一号"的研制终于到了进行首次潜水艇水下发射的关键阶段——潜射试验。然而,首发失利!总设计师黄纬禄承受着巨大的压力。

面对失败,黄纬禄很快就冷静下来,他说道:"我是总设计师,试验失利我负主要责任!大家要集中精力,找出失利原因,做好准备,力争第二发导弹发射成功。"黄纬禄的明确表态,让大家放下了思想包袱,齐心协力查找失利原因。

经过大家的共同努力,仅仅用了六天时间,就锁定了故障所在并采取了有效处理措施。

1982年10月12日,一条喷火的"蛟龙"跃出渤海,在海天之间绘出一幅壮丽的景观,"巨浪一号"准确命中预定海域目标,发射取得圆满成功!

黄纬禄所付出的代价,是他在试验基地期间,体重下降了11千克!

黄纬禄(右一)在试验基地工作现场

为原子弹插上翅膀——黄纬禄 | 37

黄纬禄同部队领导握手祝贺试验成功

黄纬禄（左二）在试验一线与工作人员交流

"有风险共同承担!"

"巨浪一号"研制初期,承担任务的单位达109个。由于首次研制,遇到的技术问题太多、太复杂,有的单位可能要承担极端情况下的一些风险。黄纬禄指出,这样的风险要共同来承担,还声明自己作为总设计师,首先要承担责任。"有问题共同商量、有困难共同克服、有余量共同掌握、有风险共同承担",这就是"四共同"原则。

"四共同"原则引起了很大反响。参与"巨浪一号"的一百多个单位,逐渐形成了大协作的精神,坦诚相待,为了实现整个系统的综合性能,把自己的优势和长处拿出来。最终,"巨浪一号"成为举全国之力、协同攻关的典范。

2011年7月,黄纬禄因病卧床不起。"两弹一星"大学生夏令营请黄纬禄题写赠言。他手抖得厉害,无法写字,又不忍拒绝。在女儿的帮助下,他艰难地写下了"弘扬'两弹一星'精神,勇挑民族复兴重担"的赠言。

黄纬禄坚信,他们中有人将来一定会成为导弹专家。

工作中的黄纬禄

为原子弹插上翅膀——黄纬禄 | 39

弘扬"两弹一星"精神
勇挑民族复兴重担

1986年7月15日黄纬禄（右一）在航天工业部科技奖励大会上

（本文作者：韦中燊）

程开甲（1918—2018）
理论物理学家
中国科学院院士
1999年"两弹一星"功勋奖章获得者
2013年国家最高科学技术奖获得者

地上地下的"核司令"
——程开甲

  当中国拥有了核武器的那一刻，美国、苏联等大国对中国的核讹诈顿时被打破了，中国人的腰杆子变得更加坚挺，维护世界和平的能力更加强大。这一切，离不开被称为中国"核司令"的程开甲。

童年程开甲听简晓峰校长讲成才故事

投身科学志成才

1918年8月3日，程开甲出生在江苏省吴江县（今吴江市）盛泽镇。祖父期望家里能出一个读书做官的人，因此为他取名"开甲"，寓意"登科及第"。

程开甲一开始并不喜欢上学，小学二年级读了三年，被同学戏称为"年年老板"。后来，他的五姐把他接到自己工作的观音弄小学，每天督促他起床、吃饭和学习，慢慢地，程开甲在学习方面开窍了。程开甲在观音弄小学遇到了人生中的第一位良师——观音弄小学的时任校长简晓峰。简校长在观音弄小学大力推广自主、主动、自学、自助的"四自"教育法，深受学生们的喜欢。他不仅教学得法，而且经常给同学们讲大人物成才的故事，鼓励他们从小立大志。

1937年程开甲（右二）获浙江省教会中学英文演讲比赛第一名

程开甲曾感叹："在这里我开始懂得了'成才'的含义，并立志要成为一个'大人物'。"

立下志向以后，程开甲开始拼命学习，并申请跳级，终于在1931年，考入了著名的嘉兴秀州中学，并于1937年考入国立浙江大学物理系。在大学读书期间，程开甲敢于挑战难题，撰写了一篇专业性很强的数学论文，得到教授们的赏识，并被推荐给《剑桥哲学杂志》发表，随后这篇文章被苏联斯米尔诺夫的《高等数学教程》全文引用。

1946年，程开甲前往英国爱丁堡大学留学，师从量子力学奠基人之一玻恩。1948年，由玻恩推荐，程开甲任英国皇家化学工业研究所研究员。

地上地下的"核司令"——程开甲

程开甲获哲学博士学位时在爱丁堡大学留影

多次转向为国家

1949年，中华人民共和国成立时，程开甲刚刚取得博士学位不久，很多同学都劝他留在英国，因为那里的条件更好。但是，程开甲坚定地选择了回国。行囊中，除了给爱人买的一件皮大衣，全是宝贵的物理学书籍和资料，程开甲心里认定：这些都是祖国最需要的！

1950年8月，程开甲踏上了祖国的土地，首先回到母校浙江大学，在物理系做教授。1952年，程开甲调到南京大学物理系。当时，中国致力发展重工业，金属物理研究对重工业很重要。物理系委托施士元和程开甲开展金属物理研究和筹建金属物理教研组。程开甲主动把自己的研究重心由理论转向理论与应用相结合。1959年，他出版了中国第一部《固体物理学》专著，对中国固体物理学的教学和科研起到了重要作用。

1960年3月的一天，程开甲正在实验室全神贯注地忙碌着，突然外面传来了同事的喊声："程教授，快去一趟校长办公室！"校长开门见山地说："开甲同志，北京有一项重要的任务借调你，明天就得报到！"说着，校长从抽屉里拿出一张写有地址的纸条。从此，这位物理学教授的命运发生改变，他走下讲台，在科学界销声匿迹几十年。"程开甲"这个名字和他从事的核武器事业，成了当时中国的最高机密！

地上地下的"核司令"——程开甲 | 45

固体物理学

程开甲 著

高等学校教学用书

人民教育出版社

南京大学物理系合影
（二排右六为程开甲）

46 | 知原子　铸核武

程开甲（左一）在氢弹试验现场

1967年6月18日的《人民日报》

潜身戈壁铸核盾

1960年，程开甲调入北京，加入核武器研究的队伍。1962年，经钱三强推荐，程开甲成为我国核试验技术的总负责人，担任核武器试验研究所副所长。

那段时间，为了能尽快取得原子能技术的突破，程开甲脑袋里想的全是数据。一次排队买饭，他把饭票递给师傅，说："我给你这个数据，你验算一下。"排在他后面的邓稼先笑着说："老程，这儿是食堂！"

很多时候，工作到半夜的程开甲刚躺到床上，脑子里就蹦出一个新的思路，于是他马上爬起来，直到把问题理清楚了才再次躺下。

程开甲在核试验场区

1963—1984年，作为我国核试验技术的总负责人，程开甲成功地参与主持决策了30多次地上、地下各种类型的核武器试验任务，建立发展了我国的核爆炸理论。他还以核爆炸理论为指导，创立了核爆炸效应的研究领域，领导并推进了我国核试验体系的建立和科学发展，研究解决了核试验的关键技术难题，支持了我国核武器设计改进和运用。

由于程开甲是我国指挥核试验次数最多的科学家，人们便亲切地称他为"核司令"。

48 | 知原子　铸核武

40年后再读第一颗原子弹爆炸成功的《人民日报》号外

程开甲（左一）给战士们讲"两弹一星"精神

祖国需要比天高

常有人问程开甲对自身价值和追求的看法，程开甲说，"人生的价值在于奉献是我的信念"，"正因为这样的信念，我才能将精力全部用于所从事的科学研究和事业上"。

程开甲认为，每一个人都有自己的追求，作为中国人，追求的目标应该符合祖国的需要。当年，他从英国回来，想的就是怎样为祖国出力。几十年后，有人问他对当初的决定怎么想。程开甲说，自己对回国的选择一点也不后悔，如果不回国，可能会在学术上有更大的成就，但绝不会有现在这样幸福，因为他所做的一切，都和祖国紧紧地联系在一起。回国后，他一次又一次地改变自己的工作，一再从零开始创业，但一直很愉快，因为这是祖国的需要。

程开甲说："我以为实现目标就是做贡献，人也只有做出贡献才能体现存在的价值。"

程开甲在家中给来访者讲解

科学技术研究
创新探索未知
坚韧不拔耕耘
勇于攀登高峰
无私奉献精神

程开甲（1918年生）
二〇〇四年四月十日

（本文作者：韦中燊）

黄旭华（1924—　　）
核潜艇设计师
中国工程院院士
2019年国家最高科学技术奖获得者
2019年共和国勋章获得者

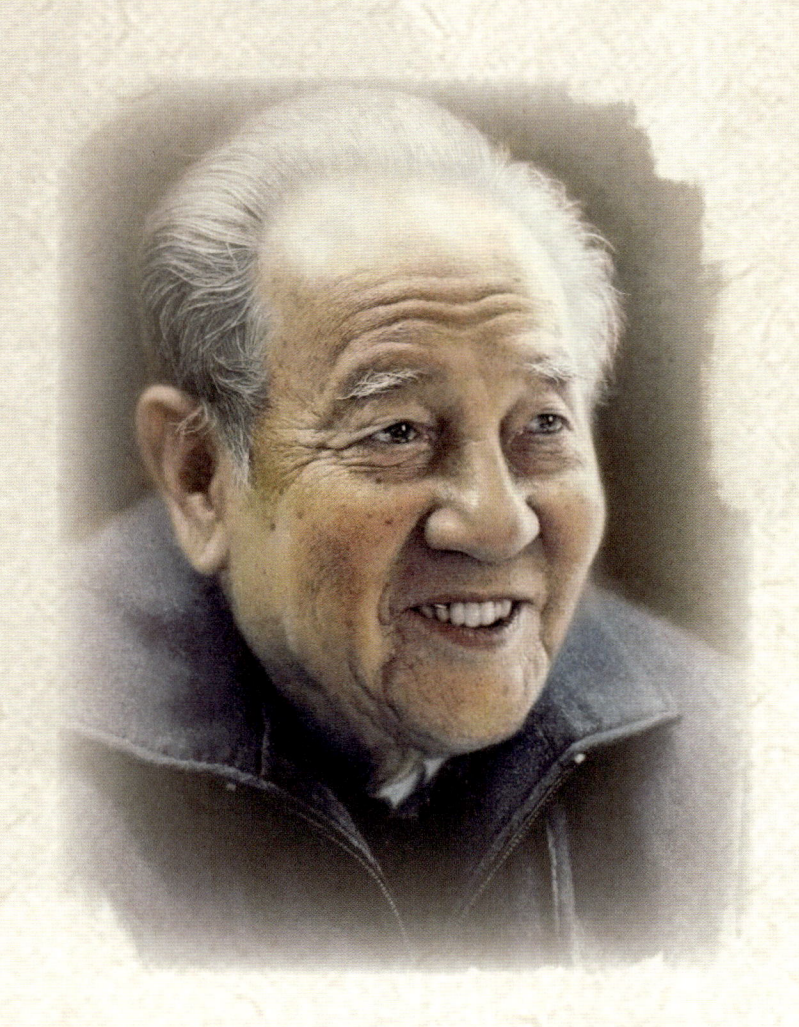

三十年铸国防重器
——黄旭华

　　他"人间蒸发"30年，在荒岛上度过漫长岁月，家人不知其真正职业。父兄去世，他未送行，只为守护一个充满力量和希望的秘密——使中华民族拥有捍卫国家安全的海上苍龙。他就是被很多人称为"中国核潜艇之父"的黄旭华。

颠沛流离思报国

1934年，黄旭华着田墘镇小学校服照

日军侵华战争使许多青少年学子被迫中断学业，颠沛流离。年仅14岁的黄旭华离开家乡广东省海丰县，辗转广东省、湖南省、江西省多地求学，经历了舟车劳顿，与饿毙擦肩而过，锻炼出了顽强不屈的毅力，目睹了难民的流离失所。在此期间，他也对个人前途和国家命运展开了深刻的思考。

1944年6月，黄旭华以优异的成绩进入国立交通大学（今上海交通大学和西安交通大学的前身）造船专业学习，开始了他的科学救国之路。

在国立交通大学学习期间，黄旭华加入了进步学生社团"山茶社"。在这里，他逐步成长为中共地下党培养的进步青年，见证、参与了上海的许多重大学生运动。经过一系列血与火的洗礼，黄旭华终于在1949年春天成为一名光荣的共产党员，完成了从进步学生到革命者的蜕变。

1947年黄旭华在宿舍前
练习小提琴

54 | 知原子　铸核武

黄旭华观测核潜艇艇位

潜身荒岛铸"苍龙"

1953年,黄旭华被调到船舶工业管理局从事专业技术工作。1957年,他开始接触潜艇技术,跟随苏联专家学习潜艇的设计与制造技术。

核潜艇,是以核反应为动力来源的潜艇,一般用于军事。比起普通的潜艇,核潜艇的动力更加持久,可以确保长时间水下航行,更好地发挥作战优势,同时也能够充分发挥海水对潜艇的保护作用。核潜艇与导弹结合,被视为捍卫国家利益的"撒手锏"。1954年,美国建造的世界第一艘核潜艇"鹦鹉螺号"首次试航;1957年,苏联第一艘核潜艇试航。

1958年,国际政治形势波谲云诡。面对美国、苏联的恫吓与利诱,毛泽东高瞻远瞩,字字铿锵地说:"核潜艇,一万年也要搞出来!"

于是,我国研制核潜艇的"09工程"诞生了。黄旭华因为专业能力优秀而被秘密地抽调到北京,投入到我国第一代核潜艇的论证与设计工作之中。当时,我国第一代核潜艇研制面临着无经验、无技术、无条件的残酷现实,开局十分艰难。

核潜艇研究是一项军事绝密性的工作,为了防范国际敌对势力的渗透和破坏,1965年春,专门负责核潜艇研制的"中国核潜艇总体研究设计所"将基地选择在渤海湾的一个荒岛之上,我国核潜艇研制工作正式启动。新婚不久的黄旭华告别妻子来到试验基地,开始了他的荒岛人生。

铸剑更须团队攻

在那个荒芜凄凉、人迹罕至的小岛上,黄旭华带领研究所的设计人员克服常人所无法承受的各种困苦,攻克一个又一个的技术难关,使我国第一代两种型号的核潜艇研制思路逐渐清晰起来。

依据大量的试验和严谨的科学论证,1964年,黄旭华终于带领团队完成了我国第一艘核潜艇的初步设计,使中国成为世界上第五个拥有核潜艇的国家。经历一系列探索与实践,1970年12月26日,我国的第一艘鱼雷攻击型核潜艇带着全国人民的期盼和全体研制人员的汗水顺利下水,中华民族开始拥有了捍卫国家安全的海上苍龙。1981年4月30日,我国首艘弹道导弹核潜艇再度入水,自此劈波斩浪,遨游在深蓝大洋之中,为保卫世界和平释放着巨大的震撼力。

404艇深潜试验成功
黄旭华归来留影

406艇首次水下发射"巨浪-1"型遥测弹试验成功后黄旭华（右二）接受献花

58 | 知原子　铸核武

黄旭华和夫人在石林象路石台风景区合影

大忠堪为大孝

从接受研发核潜艇任务伊始，黄旭华坚守组织的要求：不透露工作单位、工作性质，隐姓埋名，当一辈子无名英雄。从1958年至1987年，他隐姓埋名三十年，家人遭难他未能照顾，父兄逝世他没有送行，母亲等了三十年才见到他一面。舍小家顾大家，他终以其铸就的国之重器换来家人的理解和支持。

黄旭华的夫人李世英给了他极大的精神支撑。李世英温良敦厚，被黄旭华传记作者尊称为品德高尚、品质优秀、品味雅致的"三品夫人"。她用柔弱的肩膀扛起了一个家，让黄旭华专心致志于核潜艇事业。1988年年初的核潜艇南海深潜试验中，62岁的黄旭华冒着生命危险亲自下潜水下300米指挥试潜，成为世界上核潜艇总设计师亲自下水做深潜试验的第一人。这样一次高危险的大胆尝试，也与妻子的理解与支持密不可分。黄旭华虽然从未当着夫人的面说过一句感谢的话，可是当着媒体、当着子女、当着他人时，他总是噙满泪水地说欠了她一辈子，感谢她一辈子无怨无悔的付出。

"俗话说忠孝难两全，我觉得，对国家的忠就是对父母最大的孝，我相信终有一天我的家人会谅解我，能够理解我为国家所做的工作。"晚年的一次报告会上，黄旭华回顾种种，激动哽咽。

黄旭华李世英结婚照

（本文作者：韦中燊）

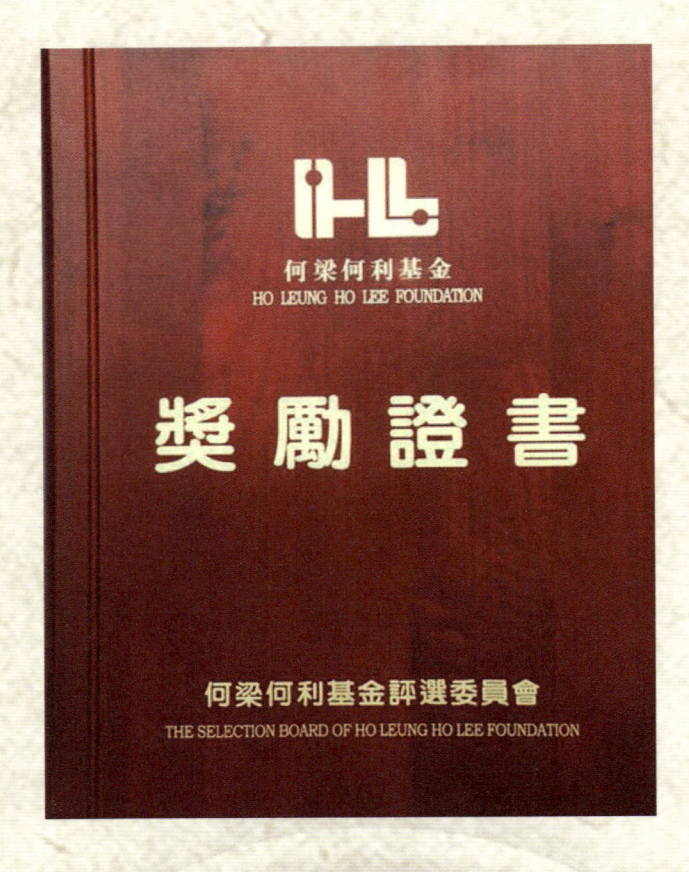

彭士禄（1925—2021）
核动力专家
中国工程院院士
2017年何梁何利基金科学与技术成就奖获得者

驾驭核动力的先行者
——彭士禄

从革命英烈遗孤,到我国核潜艇第一任总设计师,再到我国第一座核电站建设主要技术负责人——彭士禄的生命轨迹与核动力事业交融,正是中华民族革命与建设、战争与和平的见证。

62 | 知原子 铸核武

幼年彭士禄（前排左）与父亲彭湃合影

彭湃及他的少年其 一九二六·二·二〇·

心中永姓百家姓

幼年被捕时的彭士禄

彭士禄1925年生于广东省，父亲彭湃是我国农民运动的领袖。彭士禄不到5岁时，母亲和父亲相继牺牲，他自己也被国民党反动派列为追捕的对象。童年时期，他几经入狱和逃亡，经历了数次险些致命的疾病。靠着众多贫苦百姓的照顾和掩护，彭士禄在战火纷飞的年代里幸存下来，最终在党组织安排下来到革命圣地延安读书。

长大后的彭士禄从不忘记感恩和回报。

"几十位'母亲'给我的爱抚，激发了我热爱百姓的本能。父母亲把家产无私分配给了农民，甚至不惜生命，给了我要为人民、为祖国奉献一切的热血。延安圣地培育了我自力更生、艰苦拼搏、直率坦诚的品格。总之，我虽姓彭，但心中永远姓'百家姓'。"

驾驭核动力的先行者——彭士禄 | 63

彭士禄的父亲彭湃

知原子　铸核武

1955年留学苏联班级同学合影
（后排右一为彭士禄）

彭士禄在基地工作

在苏联留学时的彭士禄

自教自学成专家

1951年，彭士禄以优异的成绩获得赴苏联留学的机会，成为优秀的化工机械工程师。1954年，美国第一艘用原子能做动力的核潜艇试制成功。为了应对严峻的国际政治形势和军事威胁，1958年年底，中国组建了核动力潜艇工程项目组。这一年，彭士禄刚好从苏联学成回国。1959年，苏联以技术复杂、中国不具备条件为由，拒绝为研制核潜艇提供援助。此时，毛泽东提出："核潜艇，一万年也要搞出来！"

彭士禄和他的同事们深受鼓舞，决心自力更生、艰苦奋斗，尽早将中国的核潜艇研制出来。1962年2月，彭士禄开始主持潜艇核动力装置的论证和主要设备的前期开发工作。当时中国在核潜艇的建造方面所掌握的知识近乎为零，搞核潜艇不得不全靠"自教自学"。

当时生活极其艰苦。彭士禄回忆，参与这一项目的大多数人都是刚毕业的大学生，学的也不是核专业，他就和其他几位曾在苏联留学的同事当起了老师，开设了反应堆等五门专业课。两年后，他们都成了核动力学的专家。

当时，研究室里大多数人只会俄语，不会英语，但大部分资料却是英文的。于是，彭士禄便开始组织大家学习英语。两年后，研究室里的人基本过了英文阅读关，也摸清了国外核电站、核动力装置的基本情况。

工作中的彭士禄（前排右二）

"大胆"决策非无谋

核动力就是利用可控制的核反应来获得能量，而反应堆则是可控核反应发生的地方，所以，反应堆功率的大小决定了单位时间内输出能量的多少。1970年7月，彭士禄等人研制的反应堆的功率开始缓缓增加。但是，功率越高，出现的险情也就越多，于是，反对继续提高功率的意见也越来越多。在这种情况下，彭士禄力排众议，坚持继续提高功率。8月30日，他更是决定实现"满功率"运行。彭士禄的"大胆"，并不是蛮干，大量翔实精准的实验数据，是他大胆决策的科学依据。

有人问他："在核动力研制过程中，那么多次拍板，有没有拍错的时候？"彭士禄毫不掩饰地说："有啊，怎么可能没有。错了，我就改过来，再继续前进。只要三七开，有百分之七十的把握就可以干。不然，都准备好了，要我们干什么？"

彭士禄常戏称自己有"三个夫人"，第一夫人是核动力，第二夫人是烟酒茶，第三夫人才是小玛沙（妻子马淑英的俄文名字），可见他对核动力事业的热爱和痴迷。

1985年彭士禄在406艇前留影

驾驭核动力的先行者——彭士禄 | 67

中国第一代核潜艇总设计师（左二为彭士禄）

核能发电靠自主

核动力的和平应用主要体现在核电站上。20世纪70年代，在没有任何外援的情况下，彭士禄和团队仅仅凭借记忆中几张国外核电站的图纸，从零起步，克服了人才、技术、设备全面匮乏的难题，最终完成了秦山核电站的自主设计。1985年3月20日，我国自行设计的第一座30万千瓦压水堆核电站正式开建。

1986年，彭士禄在担任核电秦山二期联营公司董事长期间，提出"以我为主，中外合作"，自主设计、建造两台60万千瓦压水堆核电站机组的方案。建设过程中，彭士禄亲自参与主参数计算、进度把控、投资估算等重要环节的工作。

1991年12月15日，秦山核电站建成发电，结束了中国无核电的历史。中国成为继美国、英国、法国等国之后世界上第7个能够自行设计、建造核电站的国家。

彭士禄家中的写字台上摆放着"三件宝"：一是我国第一艘核潜艇首航的纪念瓷盘；二是友人赠送的核电站模型；三是任大亚湾核电站总指挥时，炊事员送的"垦荒牛"陶瓷塑像。彭士禄最喜欢第三件，因为他觉得自己"就像一头垦荒牛"。不仅如此，彭士禄还非常敬仰"孺子牛"的犟劲精神，不做则已，一做到底。在彭士禄看来，"活着能热爱祖国，忠于祖国，为祖国的富强而献身，足矣！"

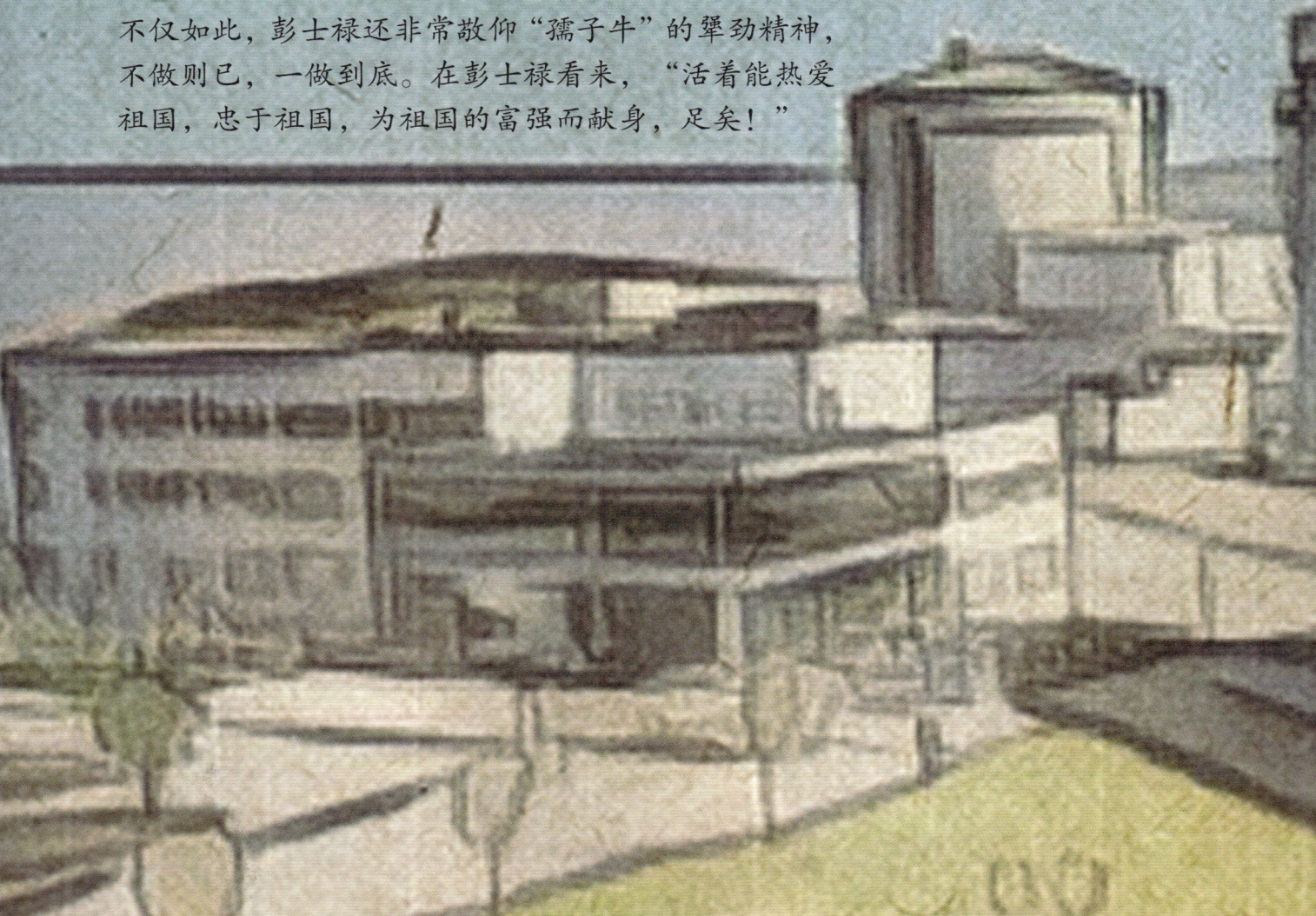

驾驭核动力的先行者——彭士禄 | 69

彭士禄（中）在秦山二期核电站建设现场指挥工作

工作中的彭士禄

（本文作者：韦中燊）

于敏（1926—2019）
核物理学家
中国科学院院士
1999年"两弹一星"功勋奖章获得者
2014年国家最高科学技术奖获得者
2019年共和国勋章获得者（追授）

中国的氢弹与世不同
——于敏

　　今天，他的名字被用来称谓世界上独一无二的氢弹构型，但在他的一生中，曾有30载年华，连自己的名字都是保密的。"于敏构型"，造就了目前世界上唯一还可保持战备状态氢弹弹头的国防基石。

护卫山河学物理

1926年，于敏出生于河北省宁河县芦台镇（今天津市境内）一户普通人家。

1937年，日军发动了"七七事变"。侵略者的暴行给于敏的童年留下了惨痛的记忆。有一次，于敏差点儿遭到一辆横冲直撞的日本军车碾轧，只有12岁的他在惊恐、愤怒之际，更切身体会到了亡国奴的滋味。从此，于敏更加发奋学习。他希望有朝一日能像岳飞一样荡寇平虏，重振山河。

1944年，于敏以优异的成绩考上了国立北京大学工学院。在学校，他如饥似渴地学习，寒暑假也不回家。夏天，他跑到景山顶上，拿着课本、习题，乘着风学习；冬天，同学们在宿舍里打牌、聊天，他披件旧大衣在旁边安静地看书。

1945年8月6日，美国投下的原子弹在日本广岛爆炸。于敏被原子弹的强大威力震惊了，决定走科学救国的道路，从工学院转到理学院物理系。这次转系，为他日后研制的核武器埋下了伏笔。

1938年于敏（后排左一）与家人合影

"国产专家"数一号

1951年的一天,于敏来到了中国第一个核科学技术研究基地——近代物理研究所。当时,这里集中了中国核领域的所有顶尖人才。在研究所短短的数年间,于敏不仅掌握了核物理的精髓,还写出了多篇重量级论文。这些论文让我国的原子核研究直接上升到一个全新高度。

1957年,诺贝尔物理学奖获得者、日本物理学家朝永振一郎访华。于敏的才华给他留下了深刻的印象。朝永振一郎好奇地询问:"于先生是在国外哪所大学深造的?"于敏幽默地说:"在我这里,除了ABC,基本都是国产的。"日本专家由衷赞叹:"你不愧是中国的'国产专家'一号!"

1951年参加工作时的于敏

中国的氢弹与世不同——于敏 | 75

晚年的于敏

"百日会战"制氢弹

1953年8月，苏联宣布氢弹试验取得成功。1954年3月，美国第一颗真正意义上的氢弹试验成功。

氢弹是核武器的一种，利用原子弹爆炸的能量点燃氢的同位素氘、氚等质量较轻的原子的原子核，发生自持聚变反应，瞬时释放出巨大能量。氢弹的威力比原子弹大得多。

国际形势的威胁，就像利剑一样悬在中国头上。国家的需要高于一切，1961年，于敏从原子核研究转向氢弹原理研究。

于敏（右一）在核试验基地

1964年，中国第一颗原子弹爆炸成功。毛泽东指示：原子弹要有，氢弹也要快！于敏和团队科研人员几乎时时刻刻都沉浸在堆积如山的数据中。1965年，氢弹研制方案终于有了一些眉目，为了验证方案，于敏带领几十名科研人员赶赴上海。

当时，上海有中国唯一一台每秒运算5万次的计算机，但是，95%的计算机使用时间要先保证原子弹设计的运算。因此，于敏带着他的团队，不仅充分利用剩余5%的运算时间，同时把算盘、计算尺这些原始工具也都用上了。于敏把自己埋在数以万计的演算纸、运算纸带里，从大量密密麻麻、杂乱无章的数据中，逐渐理出头绪，发现了自持反应的关键条件，最终形成了一套关于氢弹设计的基本完整的方案。这就是中国核武器研究史上著名的"百日会战"。我国根据"于敏方案"独立设计的氢弹，与其他国家的氢弹构型不同，稳定性更好，比较安全，可以长期保存。

1967年6月17日，大漠上空同时升起"两个太阳"，蘑菇云随之腾空而起。我国第一颗氢弹空投爆炸试验成功。

从第一颗原子弹爆炸到首颗氢弹炸出蘑菇云，美国用时7年3个月，英国用时4年7个月，苏联用时4年，而中国刷新了这一纪录：用时2年8个月。

中国的氢弹与世不同——于敏 77

于敏在核试验基地

于敏在办公室看运算纸带

于敏（前排左一）在"863会议"上听报告

未雨绸缪抢时间

在氢弹研究上取得了丰硕成果之后，于敏并没有停下脚步。1986年，于敏对世界核武器发展趋势进行了深入分析，他认为美国核战斗部的设计水平已接近极限，即使再多做核试验，也不会有多大的提高了。在这种情况下，美国为了保持核优势，限制其他国家的核发展，很可能会加快核裁军谈判进程，推动全面禁止核试验。如果在此之前，我国该做的热核试验（一种核反应的方式，是当今世界核研究的重点之一）还没做，该掌握的数据还没有掌握，我国的核武器事业可能就会功亏一篑。

这种情况下，于敏找到了有同样想法的邓稼先。当时邓稼先患直肠癌住院，于敏频繁地出现在301医院，与病床上的邓稼先一起，字斟句酌地写下了《关于中国核武器发展的建议书》。正是这份极具前瞻性的建议书，为中国赢得了宝贵的十年时间。十年之中现场试验获得的大量数据，确保了实验室模拟试验的可靠性和科学性。

于敏说："我们国家没有自己的核力量，就不能有真正的独立。面对这样庞大的题目，我不能有另一种选择。一个人的名字，早晚是要没有的。能把微薄的力量融进祖国的强盛之中，便足以自慰了。"这是一名国防科技专家对自己使命的独特认识。

中国的氢弹与世不同——于敏

（本文作者：韦中燊）

孙家栋（1929—　）
探月工程总设计师
中国科学院院士
1999年"两弹一星"功勋奖章获得者
2009年国家最高科学技术奖获得者
2019年共和国勋章获得者

追星逐月布"北斗"
——孙家栋

  从中国第一枚导弹到第一颗人造地球卫星,从第一颗通信卫星到气象卫星,从"嫦娥"探月到北斗导航,孙家栋一生追星、逐月、布"北斗",见证了中国航天从起步到辉煌的全过程。

入伍源于红烧肉

1929年初春,孙家栋降临人世。他从小话语不多,做事稳健,有一个信念:要创造机会读书,有知识、有文化,才能干大事。

1942年,13岁的孙家栋以优异的成绩被哈尔滨第一高等学校土木系录取。校园里浓厚的学习氛围激发了孙家栋的求知愿望,他的理想是做一名工程师,建高楼,修水坝,造大桥。

1948年,哈尔滨工业大学招生的消息使孙家栋为之一振。让他始料不及的是,虽然通过了各门考试,他还必须过俄语关。孙家栋凭那股犟劲儿闯过了俄语关,拿到了录取通知书,为日后的深造奠定了基础。

1950年农历正月十五,孙家栋本来要去姐姐家过节,一位同学兴冲冲地告诉他:"家栋,饭堂今晚加餐红烧肉。"在食品匮乏的年代,红烧肉的诱惑让孙家栋禁不住咽了下口水,留在了学校。

任空军俄文翻译时的孙家栋

饭堂弥漫着红烧肉的香气,学校主管来到饭堂大声宣布:"各位同学,大家把饭碗都先放一下。上级决定,要从你们中选拔飞行员和技术人员入伍去空军,任务很急,现在就报名,通过审查批准的人今晚即出发!"

孙家栋放下了碗筷,当机立断,接受祖国的选择,当天报名,当天获批。作为急需的俄语翻译人才,他当晚登上了前往中国人民解放军空军司令部第二驱逐机第四航空学校的列车。

如果说机遇偏爱有准备的人,那么,这次机遇是孙家栋平时的努力所赐。

追星逐月布"北斗"——孙家栋 | 83

84 | 知原子　铸核武

斯大林奖章

孙家栋留学苏联毕业证书

中国第一颗人造地球卫星"东方红一号"发射塔（王建蒙摄）

太空奏响《东方红》

　　1951年初，国家选拔学员前往苏联茹科夫斯基空军工程学院留学，孙家栋通过了层层考核从数百人中脱颖而出。1958年3月10日，孙家栋在苏联完成了7年学业，带着一枚纯金质"斯大林奖章"，谢绝了学校的留校邀请，毅然回到了祖国。

　　归国之时，正值中国导弹事业发展之际，原本学航空的孙家栋却立即投入仿制导弹的改型设计，他说"国家需要就是我的选择"。1960年8月，孙家栋被任命为导弹总体设计主任，随"东风一号"导弹秘密开赴西北发射基地执行导弹发射任务。11月5日，中国第一枚仿制导弹发射成功。1966年10月27日，中国的中近程导弹把核弹头准确送达目标。中国导弹从无到有、从弱到强，中国的国际地位陡然而升。

　　1967年7月29日午后，孙家栋正在伏案工作，进来一位军人，说："孙家栋同志，国家确定组建空间技术研究院开展人造卫星研制。决定调你负责第一颗人造地球卫星的总体设计。上级派我向你传达，要求现在就去报到。"

　　太空奏响《东方红》，听似简单，实现起来难度很大。单向地球播出《东方红》乐曲，就要解决乐音装置、发送遥测参数，攻克电子线路产生的复合音模拟铝板琴演奏效果、以音源振荡器代替音键、用程控线路的节拍控制振荡器发音等难题，才能保证乐音嘹亮悦耳。还有电源、天线、姿态控制等难题更需要逐项解决。

　　1970年4月24日，"长征一号"运载火箭把"东方红一号"送入太空。中国第一颗人造卫星发射成功了！《东方红》乐曲响彻全球！

1984年孙家栋（右二）在"东方红二号"通信卫星故障处理的决策会议上

勇于担当为祖国

　　1984年4月8日，"长征三号"运载火箭点火起飞，成功将试验通信卫星送入地球同步转移轨道。然而卫星在太空突发"高烧"，若不赶快退烧，将会危及"生命"。事不宜迟，孙家栋签名担责，要求操作员将太阳照射角"再调5度"。紧急关头，稍许耽搁，卫星就会飞走，根本来不及走审批手续。其实，孙家栋很清楚所担的风险，也紧张到了极点。当看到卫星得救，瘫坐在那里的他才面露喜色。

　　1985年10月，中国庄严宣告：中国运载火箭将承揽外国卫星发射任务，随之组成由孙家栋任团长的中美航天合作代表团。海外华侨、华人对孙家栋说："祖国的火箭飞多高，我们的头就能抬多高。"

　　然而，与美国人谈判绝非轻松，一次次较量、一次次力争和担当，最终，美国制造的卫星跨洋过海运到中国，在西昌对接在了中国的火箭上。

　　截至2019年年底，中国共完成48次国际商业卫星发射任务，为29个国家和地区发射了56颗商业卫星。

1993年孙家栋与美国大使芮效俭分别代表本国政府
签署《关于卫星技术安全协议备忘录》

88 | 知原子 铸核武

孙家栋（中）

孙家栋（左）在发射塔架上听取"北斗"卫星情况汇报

孙家栋（左）与本文作者王建蒙（右）交谈

犹向苍穹布"北斗"

探月卫星发射成功后孙家栋在僻静处偷偷擦眼泪

1994年12月，65岁的孙家栋被任命为北斗导航试验卫星工程总设计师。在担任工程总设计师的18年中，陈旧性腰肌劳损的疼痛让他步履艰难；因患有耳石症，过度劳累便会头晕目眩；好几次听到卫星发射有情况，他拔掉输液针头便往机场赶。

嫦娥奔月，是中国人千百年的梦想。71岁的孙家栋被任命为国家探月工程首任总设计师。他组织制订了"绕、落、回"三步走的实施计划。2007年10月24日，"长征三号甲"运载火箭托举着探月卫星开启了奔月征程。14天后，"嫦娥一号"向地球传回清晰的图像。当大家跳跃祝贺时，电视镜头里的孙家栋躲在僻静角落偷偷擦眼泪。此时的泪水，既是喜悦，也饱含着艰难和不易。

2021年2月22日上午，"嫦娥五号"任务的成功，标志着探月工程"绕、落、回"三步走计划圆满收官。

莫道桑榆晚，为霞尚满天。如今，92岁的孙家栋如同太空中的人造卫星，时刻输出与奉献，他的航天梦无止境、不停歇。

（本文作者：王建蒙）

国家最高科学技术奖证书

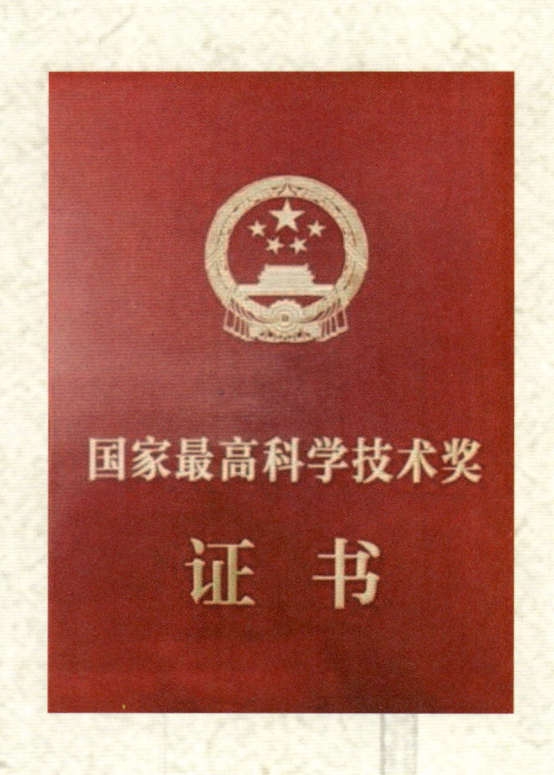

钱七虎（1937— ）
防护工程专家
中国工程院院士
2018年国家最高科学技术奖获得者

筑造地下的钢铁长城
——钱七虎

困难时期,他为国家筑就坚不可摧的地下"钢铁长城",预防敌对势力破坏。在和平年代,他主持实施号称"亚洲第一爆"的珠海市炮台山大爆破,四周村庄毫发无损。他就是我国著名的防护工程专家——钱七虎。

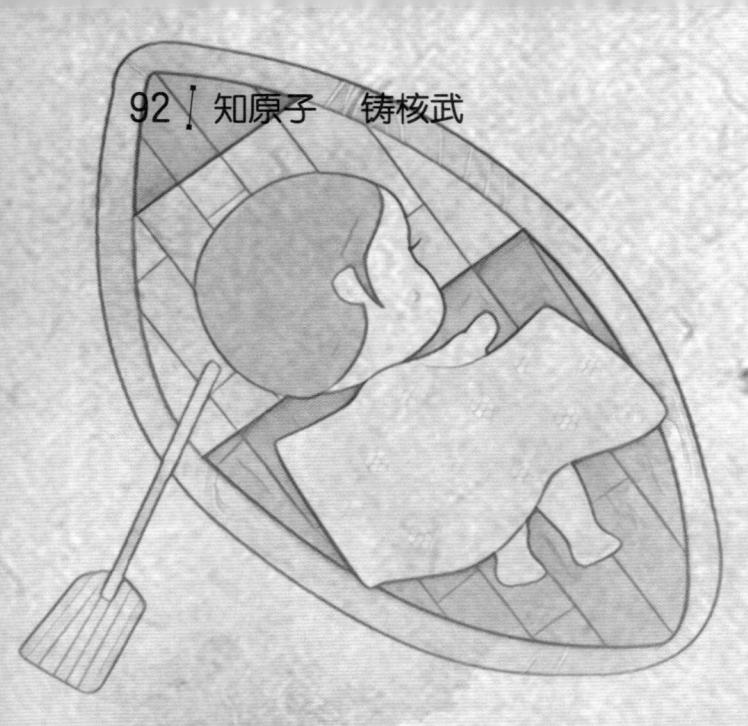

国之急需我必选

1937年，日本侵略者占领上海，血腥的战争逼迫下，邻近的江苏省昆山县（今昆山市）人民流离失所。在母亲逃难途中的一艘小船上，他出生了，因在家中排行老七，故取名"七虎"。中华人民共和国成立后，依靠政府的助学金，钱七虎完成了中学学业。新旧社会的鲜明对比，在他心中深深埋下了矢志报国的种子。20世纪50年代，抗美援朝开始，仅有13岁的钱七虎积极报名参加军干校，走上了"为党、国家和人民贡献一生"的道路。

1954年，在上海中学读书的钱七虎，六门课程中有四门满分。如此优秀的毕业成绩，让他获得了被选派到苏联学习的机会。就在这时，钱七虎听到一个消息：

国家急需一批军事人才,哈尔滨军事工程学院将在应届中学生中招收一批优秀毕业生。去苏联成为令人羡慕的留学生,还是响应国家号召留下来去哈尔滨军事工程学院,一道选择题摆在了钱七虎面前。不过,钱七虎并没有太多犹豫,就毅然做出决定:留在国内,承担国家更紧迫的重任。当时,总要跟黄土铁铲打交道的防护工程专业没人选,钱七虎服从组织分配,与防护工程结下了一生之缘。

在大学毕业并工作了一年后,钱七虎再次获得了前往苏联深造的机会。这一次,为了提升自己的专业素养,他选择了出国留学。

不惧挑战筑"长城"

防护工程，是为抵抗杀伤性武器破坏而构筑的各种工程建筑物的统称。如果说核弹是军事斗争中锐利的"矛"，那么防护工程则是一面坚固的"盾"。

1965年，钱七虎在苏联古比雪夫军事工程学院获得工学副博士学位，学成回国。从那时起，为国家筑就坚不可摧的地下"钢铁长城"，也就成了钱七虎的毕生事业。钱七虎选择的道路，注定是一条充满挑战的道路。刚回国那会儿，国家正处于困难时期，防护工程的很多技术在国内依然处于空白状态，为了解决这方面问题，加班加点是常态。钱七虎回忆说："当时，没有大型计算机，就用穿孔纸进行数据输入。由于穿孔机打孔不圆，经常引起停算，我后来索性进行手工穿孔。"

在困难面前，钱七虎始终是一个勇敢的斗士，他说："我是困难吓不倒的，安乐、享受的理想是猪圈的理想！"钱七虎不仅自己践行着这样的工作理念，更是将这种理念传递给了青年学子，他认为："只有不畏艰难，才能攀登高峰；只有不断前进，才能有所创新。科学道路上有很多困难，人生道路上也会有很多挫折，只有把个人的志愿和理想与国家、民族的事业结合起来，正确处理个人和组织、集体的关系，才能不断前行。"

1975年钱七虎在运用计算机进行防护门的动力分析

96 | 知原子　铸核武

2008 年钱七虎在南京长江隧道施工现场

孤山一爆开新河

1992年，珠海机场要扩建，雄踞三灶岛南端的炮台山成为天然障碍，炸掉它就成了唯一的解决办法。但是，这个工程的爆破总量达1085万立方米，而且要求一次性爆破成功，数万根雷管不能有一个哑炮，一半的土石要定向抛入大海，最重要的是还要确保1000米内两处村庄的安全。

如此苛刻的条件，意味着负责人员不仅要懂得爆破的相关知识，还要掌握防护的相关技术。这个难题国内没人敢解。在这种情况下，有着丰富防护经验，同时又对各种炸药的爆炸威力了如指掌的钱七虎，主动请缨，立下军令状。1992年12月28日，全国人民都关注的珠海市三灶岛大爆破一爆成功。

炮台山爆破后来被称为"亚洲第一爆"，1.2万吨炸药和数万支雷管的爆炸威力，相当于第二次世界大战时期美国投到日本广岛的原子弹威力的60%，但是周围的村庄纹丝未动。此次爆破的成功，开辟了我国爆破技术新的应用领域。成功的背后是艰辛的付出，钱七虎先后七次深入当地调研，在无数个日夜与技术人员反复讨论设计方案，不放过每一个细节。

淡泊名利做人梯

钱七虎是院士,是军人,还是一名教师,1983年以来,任南京工程兵工程学院院长,教授。他在学术上十分严谨。提起师从钱七虎的经历,很多学生都体验过"痛苦而有收获的煎熬"。对学生的论文,钱七虎总是不厌其烦,逐字逐句推敲。"写论文不仅是为了拿到学位,科研成果是要运用到实践中去的,来不得半点马虎,理论和技术都要经得起实践检验。"

钱七虎在做报告

数十年来,钱七虎甘为人梯,以培养人才为人生乐事,创建了我国防护工程学科和人才培养体系,先后指导博士研究生50余名,博士后40余名,帮带国家级科技人才10余名,其中,有多人被评为"长江学者""勘察设计大师"。

钱七虎把名利看得很淡。获奖排名的时候,钱七虎总是不同意把自己排在首位,有时根本不让排上他的名。2009年,担任国际岩石力学学会副主席的钱七虎,主动放弃自己被提名的机会,力挺年轻学者冯夏庭出任该学会主席。他给出的理由很简单:"世界岩石力学研究中心在中国,冯夏庭年轻,有能力,有梦想。"

这就是钱七虎,一个甘为人梯的教育家,一个时刻把国家利益放在首位的爱国者。

筑造地下的钢铁长城——钱七虎 | 99

（本文作者：韦中燊）

后/记

中国科学家是为国家和民族自强、自立而忘我奋斗的可爱、可敬的人。他们身上展现出来的中国科学家精神已成为中华民族精神的一部分,激励着一代又一代有志于科学技术事业的青少年踏上攀登科学技术高峰的伟大征程,为实现中华民族的伟大复兴接续奋斗。

讲述老一代科学家的故事,弘扬伟大的科学家精神,号召更多的青少年向科学技术进军,这不仅是中国科协的责任,更是每一个学校、每一个家庭的责任。因为只有大批青少年投身科学技术事业,我们的国家、我们的民族才能得到持续的发展,才能永葆青春活力,才能屹立于世界之巅。

为了编写这套丛书,中国科协创新战略研究院面向社会专门组织了两支队伍,一支研究科技史、熟悉老一代科学家的学者队伍,承担起这项光荣而又繁重的文字撰写任务;一支富有活力的画家队伍,为科学家画像、为文字配图,用图画和历史图片融合的方式让读者身临其境。当这套书付梓之时,我们的愿望实现了一半,另一半要由读者来实现。如果你们从中得到一些有益的启示,增加对科学的一分热爱、对科学家有了新的认识,那么我们的目的就算达到了。

希望你们能擎起科学技术的火炬,照亮世界、照亮未来。